U0908051

海丝泉州

宋元中国的世界海洋商贸中心史迹剪影

泉州市政协文化文史和学习委员会 编

前　言

泉州以“宋元中国的世界海洋商贸中心”为主题申报世界文化遗产。这一主题，不啻为切合实况、显现特质、直视内核、寓意高致的科学定义。它对13世纪意大利旅行家马可·波罗认为刺桐港乃“东方第一大港，与亚历山大港齐名”的判定，作出了鲜活的史学解读，更诠释了泉州作为“光明之城”“世界多元文化展示中心”“东亚文化之都”的古有特质、传承脉络和延展动因，再现泉州于唐宋元以来海上对外通航通商的成就和精神价值，显现泉州历史奉献对于构建人类命运共同体、“一带一路”的新时代实践意义。

泉州作为海上丝绸之路起点，不少史存在我国航海史、陶瓷史、丝绸之路发展史上具有显著的里程碑意义。诸如：泉州湾宋代古船出土，勘正了海外学界误认为中华民族不是航海民族的偏颇论断；清源山三世佛石雕展现了海上丝绸之路与陆上丝绸之路相与融通，交集互动；德化等系列古窑遗址储存着泉州海上通航通商起始于盛唐时期的不朽信息；永春苦寨坑窑址改写了中国陶瓷史记，烧制原始青瓷的起始年代当予前推两个世纪；安溪青阳冶铁遗址标志着宋元时期泉州的多元工业构成，与陶瓷烧制等“轻工行业”并行发育的，有着颇具规模的“冶炼重工”。

“泉州：宋元中国的世界海洋商贸中心”有着极为丰富的历史遗产。所确定的二十二处代表性史迹，均在泉州海上丝绸之路起点史迹之中。图文作者将数年来观览泉州海上丝绸之路起点史迹的札记、照片，以二十二处代表性史迹为序归集成册，期待为读者了解泉州于宋元时期海商鼎盛，崛立为世界海洋商贸中心的非凡历史提供些许感观印象。

海湾型城市泉州

泉州老城区

CONTENTS
目录

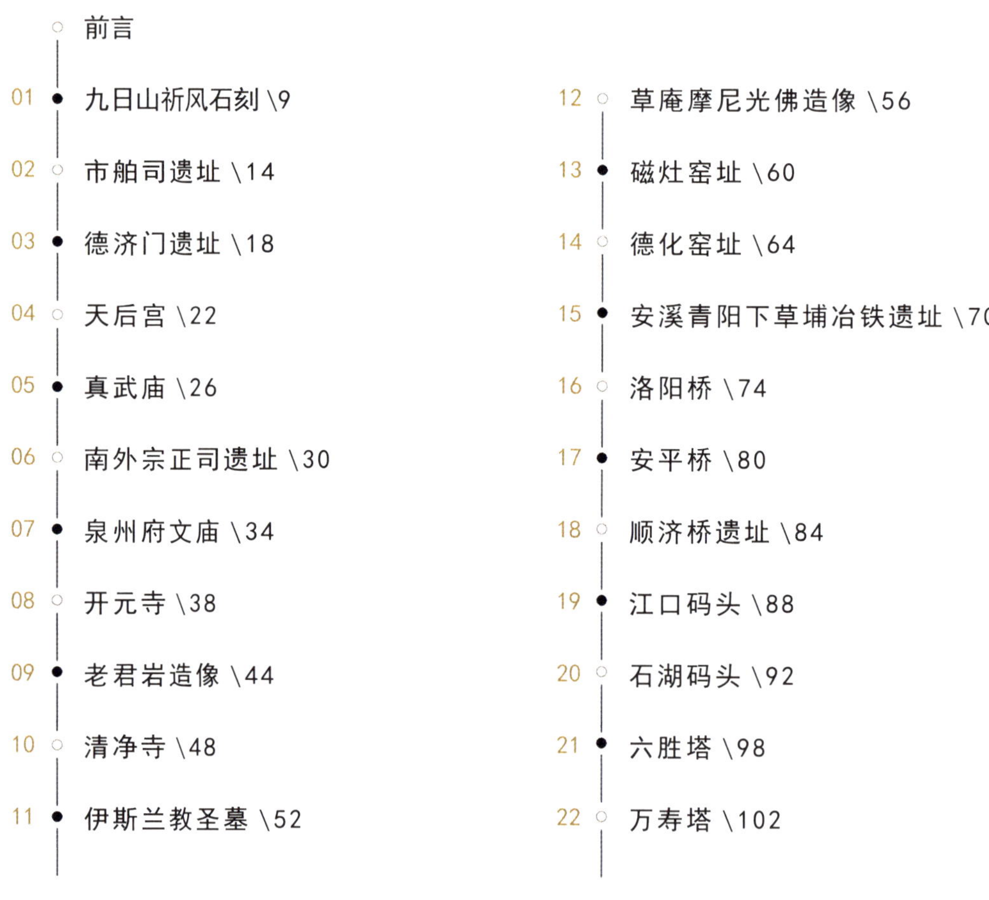

九日山祈风石刻

九日山位于南安市丰州镇西，傲立晋江北岸。唐嗣圣元年（684 年）析泉州（治所为今福州）三县置武荣州，州治设丰州。九日山名称由来，一说为“晋人南迁，沿江而居”者思念故里，每年农历九月九登山远望；一说有道人自戴云山步行九日至此。九日山主峰五代石佛乃泉州现存最早石雕造像。山中有宋代蔡襄、朱熹等文人墨迹铭石。南麓延福寺始建于西晋太康九年（公元 228 年），乃泉州最早佛教寺院，南朝印度高僧拘那罗陀在此翻译《金刚经》。

宋元时期泉州开辟海上丝绸之路，凡远行船舶起航，市舶司官员与商贾船主必登斯山祈风。今尚存纪盛崖刻十余方，最早为南宋淳熙元年（1174 年）市舶司提举虞仲房在延福寺通远王祠举行祈风典礼纪事。1988 年九日山摩崖石刻被列为国家级重点文物保护单位。

1991 年 2 月联合国考察团登临九日山视察，认证祈风崖刻为海上丝绸之路史迹，并勒石留记友谊与对话。

九日山现存最早祈风碑刻

祈风碑记

淳熙十年歲在昭陽單閼閏月
廿有四日郡守司馬伋同典宗
趙子濤提舶林劭統軍韓俊以
遣舶祈風於延福寺
通遠善利廣福王祠下修故事
也遍覽勝槩少憩於懷古堂待
潮泛舟而歸

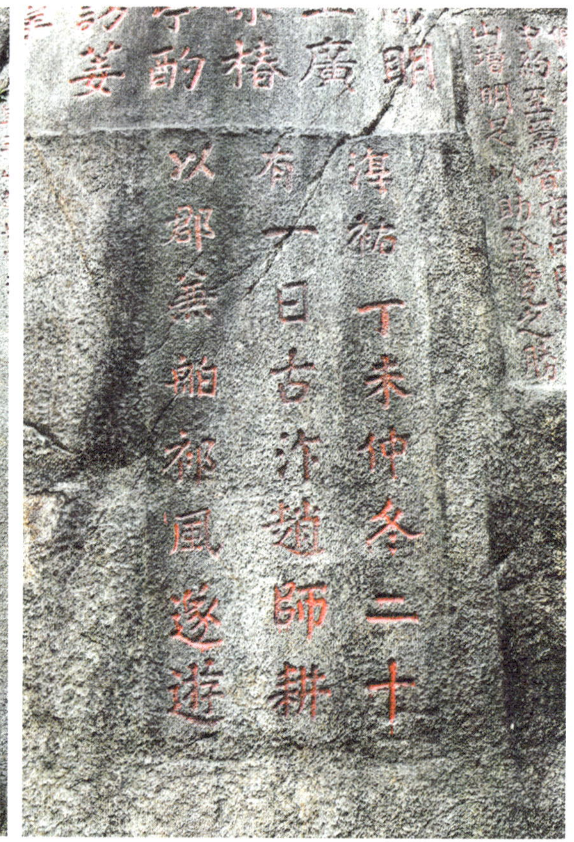
淳祐丁未仲冬二十
有一日古汴趙師耕
以郡兼舶祈風遂遊

祈风碑记

联合国考察团九日山崖刻

市舶司遗址

位于泉州老城水关（今水门巷）。司署无存，立有碑记，乃全国唯一古海关实物史迹。署前水渠或为当年番舶报关水道。市舶司系主管外贸事务之官署，提举（主官）由朝廷委命。泉州自唐起海商渐兴，北宋元祐二年（1087年）设市舶司，与广州、交州并称三关。泉州市舶司施行“罢扣买、禁重征”等策，促成“涨海声中万国商”“市井十洲人”。南宋乾道年间仅广州、泉州二司。明战乱及倭寇袭扰，遂行海禁，海外商贸趋落，成化八年（1472年）市舶司迁址福州。

宋政和五年（1115年）礼部奏准增设来远驿以接待外邦官员、贡使。时广州设怀远驿、明州（扬州）设安远驿。泉州市舶司置于内城，来远驿则置于番舶集泊商客聚居之德济门外车桥一带，前有水道，渠通晋江。成化年间市舶司迁福州，来远驿随废。1952年发现“重修碑记”二方。

宋末市舶司设观云台以观察港区气象。观云台位于泉州市东海镇金山。明代改建为抗倭兵寨，称金山寨，郑成功部曾于此扎营演兵。

市舶司遗址水道

来远驿遗址碑记

重修车桥碑记

车桥头

市舶司观云台遗址——金山寨

德济门遗址

20 世纪 70 年代天后宫整修广场时发现泉州古城南门——德济门遗址。

泉州城始建于唐，南宋绍定年间筑翼城，20 世纪 30 年代拆城唯留此处城垣，1948 年毁于火灾埋入地下。70 年代始发掘清理，罗城、翁城、护城河、城中桥等遗迹清晰，结构完整，气势恢宏，同时出土伊斯兰教、印度教、犹太教、基督教、佛教诸多石刻。2000 年起整理保护。2006 年被列为全国重点文物保护单位。

宋元时期泉州海上通航通商兴盛，德济门外为番舶集泊客商聚居之地域，渐成聚宝街青龙巷等互市街区。史料载，其时海外客商、番舶船员、传教牧师至此数以万计，金饰银器丝绸皮草古物文玩茶药甘味等佳珍连街排铺，展现海上商贸中心的繁盛市集景象。该街区民居至今存有异域建筑元素，与闽南习俗相互交融。

城门门道

瓮城门道

水道

城基

德济门外聚宝街

聚宝街小洋楼

聚宝街

青龙巷民居

天后宫

位于城南德济门内。始建于宋庆元二年（1196 年），至今八百二十余年，尚存宋时构件。宫观面对晋江出海渡口，旨在崇奉妈祖佑护海上商渔。妈祖于元受封天妃。施琅收复台湾前祈佑于妈祖，取胜后奏请加封，康熙帝称妈祖为“泉州海神”，敕封护国庇民妙灵昭应宏仁普济天后，礼制最高。随应封号逐次更新，泉州妈祖宫于元改称天妃宫，于清改称天后宫。妈祖信仰传播海内外，泉州妈祖分灵之神祇于海外亦称温陵妈（泉州古时亦称温陵）。

泉州天后宫为国内唯一被列入全国重点文物保护单位的妈祖庙。

天后宫后殿

天后宫匾额

天后宫戏台

乞龟民俗

天后宫大殿

真武庙

位于市区东海镇石头街，俗称上帝宫。始建于南宋，至今历一千余年，有小武当之称，号“北有武当南有泉州”，誉“玄武八闽第一宫”，在福建道教史上地位显要。

明万历年间的《泉州府志》载：“玄武庙在郡城东南石头山，庙枕山瞰海，人烟辏集其下，宋时为郡守望祭海神之所。”南宋庆元二年（1196年），泉州城南顺济宫落成，祀奉妈祖，祭海盛典移礼于顺济。

所在石头街传为建造东西塔料石矿区。晋江口古港码头分布于此，尚有海印寺等诸多胜迹与海上丝绸之路相关联。传马可·波罗莅刺桐城于此登岸，村中今存有马可巷、马可井。

真武庙

真武庙碑刻

真武庙古榕

真武庙所在石头街海印寺

石头街古民居

南外宗正司遗址

外宗正司专事管理皇族宗室事务。南外宗正司北宋设于商丘，南宋移至镇江、绍兴，建炎三年（1129 年）迁入泉州，至元兵攻陷州城，历时一百五十余年。

时于旧馆驿西建皇族住地，司署设水陆寺（位于今古榕巷），迁入皇室族裔三百余人，后逐增过千，泉州堪称陪都。南宋景炎丁丑年（1277 年）端宗南逃至泉州，命市舶司提举蒲寿庚派海舟随从，蒲闭城拒命，宋军攻城不克，端宗南下粤东，泉州与皇都失之交臂。同年蒲寿庚降元，“尽杀南外宗子及士大夫三千余人”，妇幼不能免，“备极惨毒”。规模宏大的南外宗正司及睦宗院等建筑毁于一炬，“顿成废墟”。

宋时泉州辟为对外通商口岸，皇族分住泉州，享有对外通商通航特殊政策。泉州不啻乃大宋国沿海特区，演绎为海上丝绸之路起点。

南外宗正司遗址重新整修

旧馆驿西侧为南宋宗子驻地

旧馆驿民居

旧馆驿民居

旧馆驿民居古风

泉州府文庙

位于市区中山中路泮宫内，面临涂门街。始建于唐开元末年，北宋太平兴国初年移建现地，举为州学。学堂曾迁他地，大观三年（1109 年）迁回。南宋绍兴七年（1137 年）重建，规制宏大，布局严谨，显现中原渊源与闽南民俗有机融合。资料显示，泉州文庙是东南地区最大的文庙建筑群，结构完整，古意悠远。前广场曾为菜市，2000 年泉州市政府启动海上丝绸之路起点遗迹申报世界文化遗产，拨巨资迁建市场，施行全方位整饬。大成殿门柱至今留存抗战楹联“坚持抗日到底，争取最后胜利”。文庙东侧明伦堂近年整理修复。

2001 年，泉州府文庙被列为全国重点文物保护单位。

府文庙大成殿

抗日楹联

门 匾

洙泗桥

明伦堂

府文庙大堂

开元寺

开元寺是福建最大佛教寺院。位于泉州西街。始创于唐垂拱二年（686 年），迄今一千三百余年。初名莲花道场，先后改称兴教寺、龙兴寺。唐开元二十六年玄宗诏诸州建寺，年号为名，元赐大开元万寿禅寺。屡经重修，今主庙宇系明清建筑。存藏历代佛像铭钟等。清道光十七年（1837 年），鹿港郊公置铁钟，铸有行商泉州之台岛商号四十六家。尚存有五代金银研泥书大藏经残片、元血书《法华经》及泰米尔文贝叶经等国级至宝。1982 年被列为全国重点文物保护单位。

开元寺经塔“阿育王练功”石刻，月台须弥座与大殿后廊柱印度教图案等，显现泉州多种宗教和合、多元文化并兴源远流长。

桑蓮灋界
年新春植福消灾萬佛大法會

廊柱印度教雕饰

月台须弥座印度教浮雕

阿育王练功石雕

开元寺东西塔

老君岩造像

位于清源山南麓。雕于宋代，乃世上最大道教天然岩雕。1998 年被列为全国重点文物保护单位。

《泉州府志》载：“石像天成，好事者为略施雕琢。”原有真君殿围护，后道观被焚，老君盘坐清源山麓，天人合一，直抒道教理念内核。法国学者黛安娜考察留言：“这已是我第二次参观老君岩，但我仍和上次一样激动，因为这位老人和大地紧紧地融为一体，他好像知道一切，又理解一切。”

所在清源山古誉“闽海蓬莱第一山”。遍有清泉，故名。依山筑城，因名泉州。唐韩偓诗赞：四序有花长见雨，一冬无雪却闻雷。元代泉州路监临官达鲁花赤阿沙（原籍宁夏）登临清源山，感于岩峰雄奇，于碧霄岩崖壁雕凿喇嘛教三世佛，筑殿崇奉。

清源山石碑记载泉州名称由来

清源山元代三世佛

清净寺

位于市区涂门街。亦称圣友寺，又称艾苏哈卜大清真寺。始建于北宋大中祥符二年（1009 年），历代数度重修加建。系国内现存最早之伊斯兰教寺院，与扬州仙鹤寺、广州怀圣寺、杭州凤凰寺同为中国伊斯兰教四大古寺。其总体布局颇具中世纪大马士革特性。史上曾办学堂，习阿拉伯文，读古兰经。永乐年间朱棣敕谕："敢有故违朕命慢侮欺凌者，以罪罪之"。1961 年被列入国家重点文物保护单位。

2008 年阿曼苏丹国王捐建新礼拜堂。

清净寺敕谕碑

清净寺伊斯兰文石刻

清净寺遗迹

清净寺

伊斯兰教圣墓

位于清源山东麓。我国现存最古老最完好之伊斯兰遗迹。1988 年被列入全国重点文物保护单位。

明何乔远《闽书》载：“唐武德年间（618-626 年），穆罕默德遣四贤徒来华，一贤传教广州；二贤传教扬州；三贤沙仕谒、四贤我高仕传教泉州，卒葬灵山。葬后是山夜光显发，人异其灵圣，故名曰圣墓，山曰灵山。”语中蕴含民间传闻，记述“先有波斯来客后有圣山显灵”之脉络。圣墓边廊郑和行香碑及数方重修碑记乃志史纪实。

灵山半坡一风动奇石，同为泉州海上丝绸之路起点重要史证。

郑和行香碑

嘉庆福建提督立碑

同治福建提督立碑

公元1322年
重修圣墓的阿拉伯文碑

نقش تجديد المقبرة في ٧٢٢ هـ

A STELE WITH AN ARABIC INSCRIPTION ON THE RENOVATION OF THE HOLY TOMB IN 1322

灵山圣墓阿拉伯文元代重修碑记译文

一批穆斯林 —— 愿真主护佑他们——修缮了这座被祝福的坟墓， 此举为求得尊贵庄严真主的喜悦和丰厚的回报……，真主的……祝福。二人在法厄福尔时代来到这个国度，据传为有善行者，后卒，乃由朽世转入永世。人们因其福祥而信之，一旦遭遇艰难，彷徨无策，即前来瞻礼，祈求默示光明，并有奉献，均获益平安而返。此纪念碑写于722年斋月。

1322 年圣墓重修阿拉伯文碑记

草庵摩尼光佛造像

位于晋江市罗山镇万石山（亦名华表山）。世界仅存摩尼教遗迹。1996年被列为全国重点文物保护单位。

明何乔远《闽书 · 方域志》载：华表山“山背之麓有草庵，元时物也，祀摩尼佛。”另一说建于宋绍兴，先为草构，元至元五年（1399年）改石筑。

庵内石壁浮雕摩尼光佛，趺坐莲花叠掌于膝，仪态庄严，背闪毫光。光佛颜面淡青双手浅粉衣着轻灰，皆山石原色。1987年8月瑞典国际摩尼教会议选为会徽。

1991年2月联合国教科文组织考察团莅临考察，团长迪安博士称草庵摩尼教遗址为其考察行程的最伟大发现。

草庵寺

草庵寺摩尼光佛

草庵寺出土明教会黑釉碗

草庵寺崖刻（依拓片原址复刻）

草庵寺

磁灶窑址

磁灶以古瓷集约产地而名实相符。清乾隆《晋江县志》载：瓷器“出磁灶乡，取地土开窑，烧大小钵子、缸瓮之属，甚饶足，并过洋”。

磁灶窑址位晋江磁灶镇，分布在梅溪两岸。已发现南朝至明清古窑址二十余处，其中南朝窑址一处；唐、五代窑址六处。最具代表性为金交椅山窑址，其间唐窑、唐宋混叠窑交错，以宋元窑炉居多，规模宏大，布局合理，构造严谨。联合国专家称“值得精心保护”。发掘四条龙窑遗址，数处窑址遗迹完整，详显窑炉各部构造。周边作坊遗址及堆积层出土残片数万，修复壶罐碗碟数百件，以青釉居多，杂以黑釉。

金交椅山窑址与土尾庵、蜘蛛山、宫仔山、童子山等窑址所出土瓷件，与日本等东南亚地区以及南亚、非洲、澳洲等国家、地区发现的泉州瓷器相同相近，展示磁灶乃宋元泉州外销陶瓷器件之重要产地。

2006 年，磁灶窑址被列为全国重点文物保护单位。

金交椅山 3 号窑

火膛
Stove

金交椅山窑址作坊遗址

金交椅山窑址出土宋青釉执壶、酱釉梅瓶、青釉罐

金交椅山窑址出土宋酱釉罐、青釉罐、青釉炉

童子山窑址出土宋青釉盆

土尾庵窑址出土宋陶扑满、陶急须、执壶（均摄于金交椅山窑址陈列馆）

德化窑址

德化获誉陶瓷古都，是海上丝绸之路外销瓷主产地，发现屈斗宫窑等历代窑址一百八十余处。

屈斗宫为德化标志性古窑遗址。该窑位于浔中镇宝美村。成窑于宋，属龙窑衍升的鸡笼窑。1976 年发掘保护，筑有专护院落。出土瓷器有北宋白瓷、南宋青釉、元代白釉，历代标志鲜明，俨然一部瓷都史记。元代直道纹洗所刻画人物具蒙古族特征，三足垫饼阴印花押及蒙古八思巴文，与茶马古道相关。有粉盒加揿“长寿新船”，或是专运舟舶所订制。

碗坪窑址在德化县城西郊。发现残窑两座，据考成窑于宋。该地区存有宋元、明清及民国时期窑炉及作坊遗迹，覆盖面积超一平方公里。最兴盛时有五十余座窑炉同时烧制。

三班梅岭存有连片古窑址，发现古窑十余座。其中一宋代瓷窑叠加阶级窑遗迹规制宏大。发掘清末、民国龙窑遗迹各一，清窑炉身大致完整。

三班镇蔡径村月记窑距今历四百余年。近年恢复烧制，辟为当代国际陶瓷艺术中心。

德化烧制陶瓷起始年代可追溯到夏商时期。

德化窑址多属屈斗宫窑系。所产瓷器历代各有特色，唐羊脂玉，北宋白瓷，南宋、元代青白瓷，明代象牙白，清代青花瓷。多种瓷品同款曾现于东南亚、中欧乃至东非出土瓷器，“南海一号”“泰兴号”等沉船出土大量德化瓷器。意大利旅行家马可·波罗游记中记载有德化瓷窑与德化瓷器。

1988 年，以屈斗宫为代表的德化窑址列为全国重点文物保护单位。

南安东田镇南坑古窑群是闽南地区迄今保留最为完整及规模最大的古窑群，据考证为北宋中晚期古窑。2006 年并入德化屈斗宫窑系，同被列为全国重点文物保护单位。

屈斗宫窑址

屈斗宫古窑遗迹

屈斗宫出土宋釉下彩青釉罐

屈斗宫出土宋“长寿新船”青釉罐盖

屈斗宫出土宋白釉堆贴纹饰粉盒

梅岭窑址阶级窑

梅岭窑址沉腐池

梅岭窑址水碓石臼

梅岭窑址宋堆积层

德化梅岭阶级窑（地下层宋窑）遗迹

潘径明月记窑

梅岭清窑遗迹

碗坪仑出土宋酱釉罐·盏，青釉碗

德化出土原始青瓷（均摄于德化陶瓷博物馆）

南安南坑窑址

南安南坑窑址地表堆积层

南安南坑窑址地下堆积层

南坑窑址古瓷残件（南坑民间收藏）

安溪青阳下草埔冶铁遗址

安溪青阳下草铺冶铁炉遗迹（李冀平摄）

安溪青阳下草埔冶铁遗址位于尚卿乡青洋村。

《安溪县志》载，青阳于北宋为冶铁官窑。青阳拥有石灰石、锰、石墨、煤、铅、锌、铁、稀土等矿产。考古发现，青阳冶铁遗址面积达一万多平方米，含冶炼、古矿洞、薪材山地及冶铁坊主余氏祖屋遗址。冶炼工艺为使用小高炉冶炼块铁，以木炭为主燃料，生产海绵铁初锻为铁块、铁片，运往其他地区锻造铁器。经碳元素测定，青阳冶铁遗址生产年代为10至11世纪前后。结合遗址所出土钱币、瓷器残片的年代特征，可确定为宋代的块铁冶炼遗址。

安溪冶铁遗址展现作为宋元时代世界海洋商贸中心的泉州，其产业构成中，与陶瓷等轻工作坊并行的，尚有冶铁一类“重工行业”。

泉州西街象峰巷铁炉寺原位于新门街一带，传为五代清源军节度使留从效锻造兵器之地。

安溪青阳下草铺冶铁炉群残迹

安溪青阳下草铺冶铁遗址

青阳冶铁遗址堆积层

青阳冶铁遗址地貌

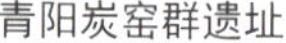

青阳炭窑群遗址

青阳冶铁大户余氏家宅遗址

泉州西街铁炉寺

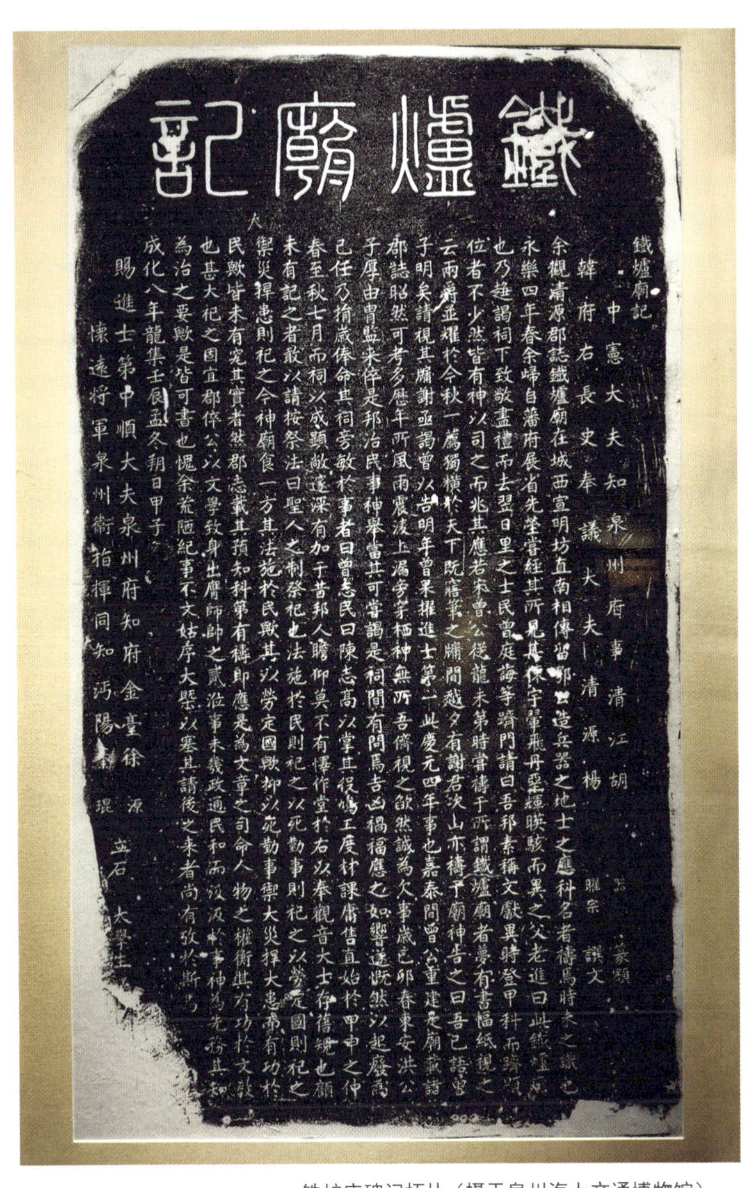

泉州冶铁遗址铁渣（摄于泉州海上交通博物馆）

铁炉庙碑记拓片（摄于泉州海上交通博物馆）

洛阳桥

别名万安桥，寓意万古安澜。宋皇祐五年（1053年）泉州太守蔡襄等主持修造，至嘉佑四年（1059年）建成，历时七年，耗银一千四百万两。桥长约二里，与洛阳古街号称“三里街二里桥”。碑亭悬清道光间石刻匾额“天下第一桥”。洛阳桥与北京卢沟桥、河北赵州桥、广东广济桥并称我国古代四大名桥。斯桥至今历近千年，传衍诸多美丽典故，有如“蚂蚁排字”“下海问时”“招亲募银”等。台湾著名诗人余光中喻之为乡愁。1998年洛阳桥被列为全国重点文物保护单位。

洛阳桥下游即为洛阳江出海口后渚港，其为泉州港主港区。宋元泉州辟为对外通商口岸，远航船舶多泊于此接驳。20世纪70年代重开国际客货航运，1992年初联合国考察团和平号方舟靠泊后渚港，认证为海上丝绸之路史迹。

1974年，后渚港出土宋代古船，经考证乃泉州造中型商船，属中国四大古船之一福船型远洋海船，设水密隔舱，展现当时世界最高造船技术，确立了泉州于宋元中国的海船制造中心地位，尤以实证勘正了海外学界关于中华民族不是航海民族的荒谬论断。

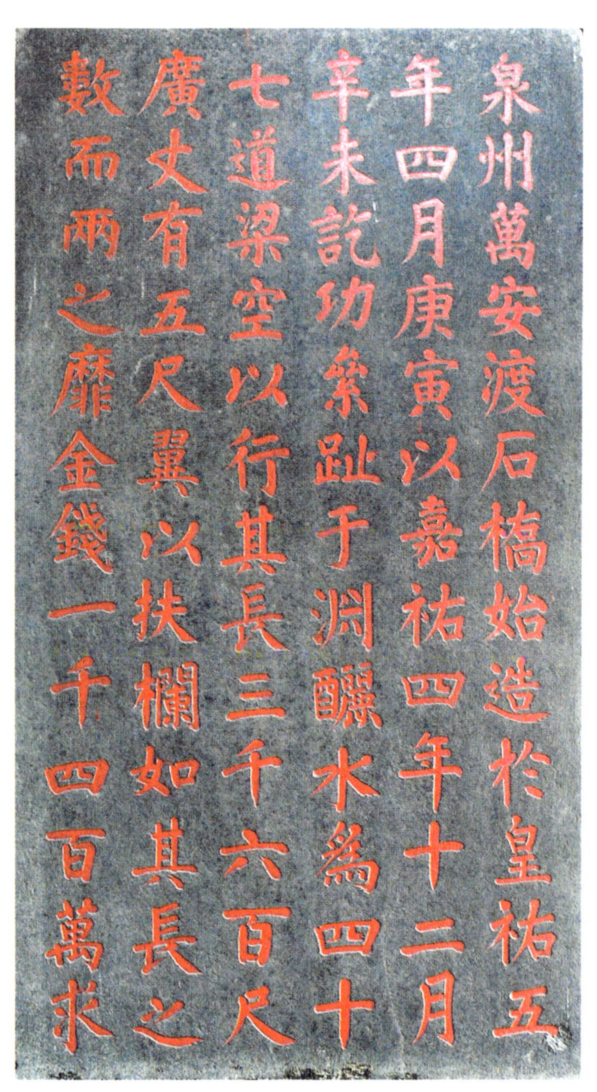

洛阳桥蔡襄撰书碑文（局部）

洛阳桥俯瞰

洛阳桥

洛阳江出海口后渚港

后渚宋代古船出土（翻拍于泉州古船陈列馆）

后渚出土宋代古船

安平桥

位于晋江安海镇与南安水头镇之间海湾，为世上保存完好之最长中古石桥，也是中国现存最长的海港石桥，获誉“天下无桥长此桥”。1961 年被列为第一批全国重点文物保护单位。

安海古称安平道，桥由此得名。桥长约五里，俗称五里桥。连梁式结构，上筑憩亭五座。始建于南宋绍兴八年（1138年），历时十四年。安海商贾黄护出海渤泥（汶莱）创业，获绩初丰即归返本土建市营商，力倡造桥，为主捐资，其子承续修竣，贯通安海与石井等刺桐港系渡口。

史上有“闽中桥梁甲天下，泉州桥梁甲闽中”一说。安平桥与洛阳桥、顺济桥等泉州宋元古桥，便利海洋商贸的港口疏通和客货交流，同为海上丝绸之路的璀璨成果与不朽见证。

安平桥中亭楹联

安平桥俯瞰

安平桥

顺济桥遗址

宋代石桥，史称“下通两粤上达江浙，实海国之冲衢江城之险要”。清道光《晋江县志》载：“顺济桥，在德济门外，笋江下流，旧以舟渡。南宋嘉定四年（1211 年）郡守邹应龙造石桥，长一百五十丈余，翼以扶栏。以近顺济宫，因名顺济。以其造于石笋桥（即笋江桥）后，俗呼新桥。明代顾珀、何乔远均撰文记其事。”桥北原设吊桥及桥堡，南端桥堡勒“雄镇天南”。历代屡有重修增固。

笋江桥，位于顺济桥上游。宋皇祐初（1049 年）“造舟为梁”，俗称浮桥，元丰七年（1084 年）改名通济桥。南宋绍兴三十年（1160 年）改建石桥，因近古迹石笋，所在江段称笋江，桥亦称笋江桥。

20 世纪末遭特大洪祸冲袭，顺济桥、笋江桥相继塌毁，仅存残段。

顺济桥遗址

顺济桥老桥新桥

顺济桥上游笋江老桥新桥

江口码头

为晋江出海口法石村一带系列古渡，系刺桐古港内港。其中文兴渡，美山渡码头尚存。两古渡始建于宋。前者石构栈桥阶梯式缓坡引入江中。后者犹存石构平台，墩台水侧筑有坡道以便舟船适潮靠泊。志书载：元至正年间，“见港中有大船百余，小船则不可胜数矣”。20 世纪在近处地域先后发现宋元时期造船遗址、船骸、石碇等及数座伊斯兰教石墓。

法石村相邻蟳埔村亦为东海渔村，与惠安崇武、晋江深沪同为泉州三大渔港。村民多为古代阿拉伯后裔，中亚遗风尚存。浔埔女盘发髻插牙箸簪鲜花，获誉“头顶花园”，此习俗据考证源于中亚。村居蚵壳厝砌墙之海蛎壳为船舶空载返程时之压舱重物，经考测此类牡蛎产于中亚沿海，实证宋元泉州海上商航远抵波斯。

江口码头美山渡

江口码头文兴渡

长春天后宫碑记

江口码头宋代古船出土原址

蚝壳厝

蟳埔女头饰

蟳埔村蚝壳厝

石湖码头

石湖港乃刺桐古港之外港。

石湖码头位于今石狮市蚶江镇石湖村，始建于唐，以建造者航海巨商林銮命名为林銮渡。林銮祖居河南，东晋起海上营商，避战乱南迁泉州，依港续展家业，商船达南洋诸邦，因以筑造大型码头。现存石构引堤亦称通济桥，乃宋时重造，桥长七十余米，规模恢弘，型貌完整，气质劲遒。郑和船队曾泊于此，石湖港出土四爪巨锚据考证为郑和船队所配置。引堤陆端于明代建一再借亭，纪述民众请留曾樱续任按察御史“分巡兴泉道”。

石湖港与台湾对渡史迹灿然。《台湾开发大事记》载：清乾隆四十九年（1784 年）、五十七年（1792 年），先后开放台湾鹿港、八里岔与蚶江（即石湖港）对渡通商，总口置泉州，于蚶江设海防官署，统管一府五县（泉州及晋南惠同安）对台商务。嘉庆十年（1805 年）建造署衙，立《蚶江海防官署碑记》。该碑曾被毁，1978 年蚶江中学一教员雨天偶见半截碑石，经四年潜心找寻终获另半，全碑完璧，成陆台通航行商唯一碑记。

林銮渡

林銮渡再借亭

蚶江海防官署碑

六胜塔

位于石狮蚶江镇石湖村金钗山。亦名万寿塔，俗称石湖塔。北宋政和年间（1111-1117 年）建造，曾遭元军焚毁。元至元年间（1264—1294 年）海运兴隆，船商献资重建，为花岗石仿木楼阁式构造，八角五级，塔心外壁回廊结构紧固，雕饰精美。规制超越于姑嫂塔，精致不亚于东西塔。

六胜塔面临石湖港，北望石湖内港，东北眺后渚港，乃船舶进出泉州港最直观航标。2006 年被列入全国重点保护文物单位。

六胜塔与石湖港

六胜塔（1998 年）

六胜塔亦称万寿塔

六胜塔挑檐

六胜塔浮雕

六胜塔斗拱

六胜塔

万寿塔

万寿塔位于石狮宝盖山。亦名关锁塔，寓意镇南疆而控东溟。俗称姑嫂塔。明何乔远《闽书》载：“姑嫂垒石山巅，登高望断归舟。”

万寿塔建造于南宋绍兴年间（1131～1162年），八角五层，花岗岩砌筑。造塔立意于航标，其主旨与海洋商贸息息相关。《八闽志》载：“永宁里有石塔甚宏丽，商舶自海迁者指为抵岸之期。”《泉州府志》载：“泉城关锁水口之镇塔也，高出云表，登之可望商舶来往。”2006年被列入全国重点保护文物单位。

关锁塔重修碑记

关锁塔神龛

关锁塔凿井

石狮宝盖山

万寿塔

宝盖山远眺石狮市区

图书在版编目（CIP）数据

海丝泉州：宋元中国的世界海洋商贸中心史迹剪影 / 泉州市政协文化文史和学习委员会编 . -- 北京：中国文史出版社，2021.7

ISBN 978-7-5205-3046-0

Ⅰ . ①海… Ⅱ . ①泉… Ⅲ . ①海上运输—丝绸之路—史料—泉州—宋元时期 Ⅳ . ① K295.73

中国版本图书馆 CIP 数据核字（2021）第 125256 号

责任编辑：张春霞

出版发行：中国文史出版社
社　　址：北京市海淀区西八里庄路 69 号院　邮编：100142
电　　话：010-81136606　81136602　81136603（发行部）
传　　真：010-81136655
印　　装：廊坊市海涛印刷有限公司
经　　销：全国新华书店
开　　本：889mm × 1194mm　1/16
印　　张：6.75
字　　数：100 千字
版　　次：2021 年 11 月第 1 版
印　　次：2021 年 11 月第 1 次印刷
定　　价：88.00 元